Protestantismus
und Politik

Wolfgang
Schäuble

Protestantismus und Politik

claudius

„Ein starker und selbstbewusster Protestantismus ist für die deutsche Demokratie von großer Bedeutung."

Es ist eine reizvolle und gleichzeitig schwierige Aufgabe, als Politiker über das Reformationsjubiläum zu schreiben. Die Reformation hatte von Anfang an eine politische Dimension. Sie hat politische Entwicklungen in Deutschland und Europa jahrhundertelang und bis in die Gegenwart beeinflusst. Heute jedoch steht der deutsche Protestantismus vor großen Herausforderungen. Mit einer Erinnerung an frühere Großtaten ist es in dieser Situation nicht getan. Vielmehr muss das Reformationsjubiläum genutzt werden, um aus der Vergangenheit für die Zukunft zu lernen. Ein starker und selbstbewusster Protestantismus ist für die deutsche Demokratie von großer Bedeutung. Der Politiker hat deshalb ein Interesse an der Zukunft des politischen Protestantismus, zumal dann, wenn er selbst evangelischer Christ ist.

Dass diese Zukunft momentan ungewiss ist, hat vor allem zwei Gründe: Zum einen weisen innere Probleme der evangelischen Landeskirchen wie sinkende Mitgliederzahlen und eine zunehmende Überalterung auf ein Akzeptanzdefizit hin, das die traditionelle Verankerung der Kirchen in der Gesamtgesellschaft und damit ihr politisches Gewicht zunehmend in Frage stellt. Zum anderen führt die wachsende religiöse Pluralisierung der Gesellschaft dazu, dass die Rolle einzelner Religionsgemeinschaften im politischen Leben ganz neu bestimmt werden muss. Beides hängt miteinander zusammen, denn die Attraktivität der Kirchen wird sich letztlich nur stabilisieren, wenn die Menschen merken, dass die Kirchen in der Gegenwart angekommen sind und akzeptieren, dass sie nur als Teil einer pluralistischen Bürgergesellschaft politischen Einfluss nehmen können. In diesem Lern- und Anpassungsprozess stehen wir, soweit ich sehen kann, erst am Anfang. Letztlich muss der Weg von den Kirchen selbst gefunden und gegangen werden. Kein Politiker kann ihn vorschreiben, auch wenn er aus seiner Erfahrung bestimmte Hinweise geben kann.

Welche Hilfe kann in dieser Situation die Erinnerung an die Reformation leisten?

1. Um politisch erfolgreich zu sein, muss sich die Religion auf ihre eigene Grundlage besinnen

Es gibt eine enge Beziehung zwischen Religion und Politik und insbesondere zwischen dem reformatorischen Christentum und der Politik. Aber diese Beziehung kommt nur dann zu ihrem Recht, wenn beide Seiten sich in ihrer Unterschiedlichkeit und in ihrem Eigenrecht verstehen und akzeptieren. Anders gesagt: Religion ist politisch, aber sie ist nicht Politik. Politik wird von Menschen gemacht, die oft religiös sind, aber

Politik ist deshalb keine Religion. Die beiden Regimente, um Luthers Sprache zu gebrauchen[1], sind einander nicht fremd, aber sie sind zu unterscheiden.

Dass Religion politisch ist, kann niemand übersehen, der sich mit der Reformation beschäftigt. Luther selbst war bestens vertraut mit den Details der deutschen und europäischen Politik seiner Zeit, nicht zuletzt mit der Finanzpolitik. In seinen Schriften geht es nicht nur um die Rechtfertigung aus dem Glauben, sondern auch um gerechte und ungerechte Steuern und Abgaben, um Rechte und Pflichten der geistlichen und weltlichen Stände, um das Verhältnis der deutschen Fürsten zu Kaiser und Papst und so, wie wir heute sagen würden, um das Verhältnis von Religion und Politik.[2]

Die Verflechtungen der Sache der Reformation mit der großen Politik haben in den Jahren und Jahrzehnten von Luthers Wirken stetig zugenommen: Luther muss vor dem Reichstag in Worms erscheinen; er nimmt eine hochkontroverse Position im Bauernkrieg ein; militärische Koalitionen für und wider die Sache der Reformation werden geschlossen, und diese führen schließlich direkt zu den Religionskriegen, die bis in die Mitte des 17. Jahrhunderts ganz Europa überziehen.

Die Politik war also nie abwesend in den Wirren des Reformationsjahrhunderts. Politiker haben für und gegen die Reformation Stellung bezogen, sich aus Gründen des persönlichen Glaubens auf die eine oder die andere Seite gestellt und sicherlich dabei auch das eigene politische Überleben und den eigenen politischen Vorteil im Auge behalten. Gleichwohl war die Reformation primär kein politisches, sondern ein religiöses Ereignis, auch wenn das Gegenteil manchmal behauptet worden ist. Als Politiker weiß man, wie schnell man betriebsblind werden kann und alle Dinge nur noch als Ausdruck von politischen Mechanismen und Machtkämpfen betrachtet. Manchen Historikern und Politikwissenschaftlern geht es wohl ähnlich. Bei allen politischen Fragen und Problemen, die für Luther selbst und in seinem Umfeld eine Rolle gespielt haben, besteht kein Zweifel daran, dass es in der Reformation zunächst einmal um Glaubensfragen ging, die dann allerdings erhebliche politische, wirtschaftliche und sonstige gesellschaftliche Auswirkungen hatten. Das ist von großer Bedeutung. Ich bin fest davon überzeugt, dass die Reformation niemals hätte die Wirkung erzielen können, die sie erzielte, wäre sie nicht von einem inneren, geistlichen Kern ausgegangen.

An der Reformation kann der Politiker deshalb lernen, Religion als Faktor im politischen Leben ernst zu nehmen. Gerade heute ist das von großer Bedeutung und gleichzeitig ganz und gar nicht einfach, wie wir es in ex-

„Manchmal aber entsteht der Eindruck, es gehe in der evangelischen Kirche primär um Politik, als seien politische Überzeugungen ein festeres Band als der gemeinsame Glaube.“

tremer Form im Nahen Osten sehen, aber im Grunde auch bei uns zu Hause. Wie können Glaubensfragen in die Politik eingebracht werden, ohne diese fundamentalistisch zu unterwandern? Wie kann die Politik andererseits mit religiösen Herausforderungen und Problemen umgehen, ohne die Religion für politische Zwecke zu instrumentalisieren? Ich komme darauf zurück.

Von der Reformation kann und muss aber auch der Christ heute lernen, dass Religion, um politisch zu sein, erst einmal Religion sein muss. Wir haben heute viele politische Protestanten, was für unsere Demokratie gut und wichtig ist. Manchmal aber entsteht der Eindruck, es gehe in der evangelischen

Kirche primär um Politik, als seien politische Überzeugungen ein festeres Band als der gemeinsame Glaube. Das führt jedoch nicht nur dazu, dass sich Christen mit abweichenden politischen Auffassungen schnell ausgeschlossen fühlen, sondern auch – und weitaus bedenklicher – dazu, dass das Ziel politischer Einflussnahme letztlich verfehlt wird. Denn die besondere Überzeugungskraft, die von religiös motiviertem politischen Handeln ausgeht, liegt in dessen geistlicher, spiritueller Basis. Das konnte man bei Martin Luther King ebenso sehen wie bei Desmond Tutu oder – um ein berühmtes Beispiel aus der Geschichte des deutschen Protestantismus aufzugreifen – bei Dietrich Bonhoeffer. Losgelöst von dieser Grundlage jedoch wird die bestgemeinte politische Programmatik schal und ihr selbstgestecktes Ziel bleibt unerreicht.

2. Reformationsgedenken muss zu einer ehrlichen Bestandsaufnahme beitragen

Der britische Historiker Euan Cameron schreibt am Ende seines Buches *The European Reformation* von den widersprüchlichen, ja paradoxen Ergebnissen der Reformation. Denselben Eindruck von Widersprüchlichkeit bekommt man, wenn man fragt, was Luther und die Reformation für die deutsche Politik bedeutet haben.[3] Denkt man an Luthers mutiges Auftreten vor dem Reichstag zu Worms, kann man den Reformator für den Aufstand des Gewissens gegen die politische Gewalt oder auch einfach nur für das Recht und die Bedeutung des Gewissens in der Politik in Anspruch nehmen – dafür, dass es manchmal notwendig ist, von Kompromissen und Opportunismus Abstand zu nehmen und zu sagen: Hier stehe ich, ich kann nicht anders!

Blicken wir nur auf die letzten Jahrzehnte der deutschen Geschichte, dann ergibt sich der Eindruck, dass dieser reformatorische Grundimpuls von den deutschen Protestanten erfolgreich und nachdrücklich in die demokratische Kultur eingebracht worden ist. Oft habe ich beobachten können, wie es gerade evangelische Christen sind, die an vorderster Stelle politisches Engagement zeigen, gegen Opportunismus auftreten und bereit sind, mit großem Einsatz sich in die demokratische Meinungsbildung einzubringen. Ein ganz besonderes Kapitel wurde in dieser Hinsicht zweifellos von den ostdeutschen Protestanten geschrieben, die in vorderster Reihe an der demokratischen Umgestaltung ihres Landes beteiligt waren.

Auch wenn das Wort von der „protestantischen Revolution" übertrieben war, enthält es doch einen wahren Kern, sieht man auf die große Rolle, die evangelische Christen und Kirchengemeinden besonders in der Anfangsphase der Wende gespielt haben.

Allerdings sehen wir heute gelegentlich auch die Kehrseite einer solchen Haltung. Eine Demokratie kann nicht funktionieren, wenn jeder sich bei jeder sich bietenden Gelegenheit auf die unbedingte Gewissenspflicht beruft. Im Normalfall müssen Gesetze und Verfahrensregeln gelten; die Grundregeln des politischen Geschäfts können nicht andauernd neu ausgehandelt werden. Um es pointiert auszudrücken: Nicht jede politische Frage, um die in der Demokratie kontrovers gerungen wird, ist ein ‚Reichstag zu Worms'. In fast allen Fällen gelten die Prinzipien der Demokratie, nach der (fast) alle Meinungen artikuliert und in den Entscheidungsprozess eingebracht werden können, aber am Ende doch die Mehrheitsentscheidung, die in einem klar geregelten Prozess getroffen wird, gilt. Hier schießen die protestierenden Protestanten manchmal über das Ziel hinaus.

Beziehen wir freilich die gesamte deutsche Geschichte im 20. Jahrhundert in unseren Rückblick mit ein, dann zeigt sich auch eine ganz andere Tendenz in der politischen Orientierung der deutschen Protestanten. Bis zum Ende des Zweiten Weltkrieges war von engagiertem politischen Protest sehr wenig zu sehen, dafür umso mehr von einer Bereitschaft zur prinzipiellen Unterordnung unter ein bestehendes Regime. Auch diese Haltung hat ihren Ursprung in der lutherischen Reformation. Denn das politische

„Eine Demokratie kann nicht funktionieren, wenn jeder sich bei jeder sich bietenden Gelegenheit auf die unbedingte Gewissenspflicht beruft."

Erbe Luthers kann nicht auf den Moment von Worms reduziert werden. Luther steht nicht nur für die Freiheit des Gewissens, er hat auch politisch Partei ergriffen, und das oft in aus heutiger Sicht verstörender, ja brutaler Weise. Seine Schrift *Wider die räuberischen und mörderischen Rotten der Bauern*[4], mit der er im Bauernkrieg Position bezog, ist berüchtigt. Denn Luther kritisierte nicht nur Thomas Müntzer und die Aufständischen scharf, sondern rechtfertigte auch noch die grausamsten Gegenmaßnahmen der Fürsten. Sicherlich hat Luther von den Fürsten eine faire und gerechte Behandlung der Bauern gefordert, aber es zeigt sich doch, dass Luthers Denken in ein patriarchalisches Modell eingebunden war, in dem die „Obrigkeit" – ein Wort, das bis heute sehr nach Luther klingt – für die Untertanen Verantwortung hat, diese sich ihr aber auch unterordnen müssen. „Ein jedermann sei Untertan der Obrigkeit, denn es ist keine Obrigkeit ohne von Gott"; so übersetzte Luther Römer 13, 1, und dieser Vers fasst viel von dem politischen Denken zusammen, das von Luther aus die deutsche Politik sehr lange bestimmt hat. So konnte es kommen, dass die Bereitschaft zum Widerspruch aus Gewissensgründen in Deutschland gerade dann gefehlt hat, als es am meisten Not tat. Zu oft wurde die Mitwirkung an furchtbaren Verbrechen in der NS-Zeit mit Konformität und formaler Gesetzestreue gerechtfertigt, auch wenn in dieser Situation einzelne, wie Dietrich Bonhoeffer, Luthers Gewissensappell eindrücklich umgesetzt haben.

Der deutsche Weg zur Demokratie ist auch aus diesem Grund ein langer und schwerer gewesen. Denn der Gedanke der Partizipation, das Konzept einer Gesellschaft, in der Ideen sich im freien Wettstreit durchsetzen müssen, ist mit dem Prinzip des Obrigkeitsstaates letztlich nicht vereinbar. Bis heute können wir, so scheint mir, Nachwirkungen dieses Erbes bei uns spüren. Immer noch gibt es eine Neigung, viel von der Intervention des Staates zu erwarten; immer noch gibt es eine vergleichsweise geringe Bereitschaft, gesellschaftliche Probleme mit Eigeninitiative anzupacken, auch wenn sich da in den letzten Jahrzehnten einiges getan hat.

Mit Blick auf die Reformation ist es jedoch hilfreich, hier den Blick auf den Teil der Welt zu lenken, der stärker von der Reformation Calvins bestimmt wurde: auf England und Amerika. Es ist kein Zufall, dass Max Weber in seinen Studien zum Beitrag der Reformation zur Entstehung der modernen Welt die Rolle der reformierten Tradition herausgestellt hat.[5] Denn dort spielte sowohl religiös als auch politisch die Gemeinde als eine Gemeinschaft von prinzipiell gleichberechtigten Christen die Hauptrolle. Der Übergang zu liberalen und letztlich demokratischen Staatsformen lag da näher.

Aber Luthers Plädoyer für den Obrigkeitsstaat ist noch nicht die größte Hypothek seines Wirkens für die deutsche Politik. Gerade zu einem Reformationsjubiläum dürfen wir nicht vergessen, uns an seine maßlosen Angriffe gegenüber Andersdenkenden zu erinnern, zumal diese die Sichtweise der deutschen Lutheraner auf Katholiken, Juden und Moslems auf lange Zeit bestimmt hat und heute die Aufgabe des Brückenbauens erschwert. Luther polarisierte. Man kann sagen, dass das notwendig war angesichts der scharfen und gnadenlosen Kontroversen, in die er zeit seines Lebens verwickelt war. Es ging im Grunde immer um Leben und Tod. Wie dem aber auch sei, wir dürfen die Augen nicht davor verschließen, dass mit ihm ein scharfer, konfrontativer Tonfall ins deutsche politische Denken Einzug gehalten hat, eine Art Freund-Feind-Denken, das seinen Beitrag zur Geschichte der Intoleranz und Ausgrenzung beigetragen hat, auch wenn Luther natürlich nicht für alles verantwortlich gemacht werden kann, was sich in dieser Hinsicht in der deutschen Geschichte ereignet hat.

Aus meiner Sicht ist eine solche historische Aufrechnung ohnehin wenig nützlich. Viel wichtiger erscheint mir, dass wir beim Erinnern an die Reformation diese dunklen Seiten der deutschen Geschichte nicht vergessen. Gleichzeitig wäre es aber ebenso verkehrt, einseitig auf die problematischen Aspekte zu blicken und das Positive außer

Acht zu lassen. Es bleiben eben die Paradoxien: Die Reformation ist eine der Wurzeln der modernen Religionsfreiheit, aber sie ist auch zum Ausgangspunkt religiöser Verfolgung und Ausgrenzung geworden. Sie steht für die Trennung der beiden Regimente, hat aber auch zur extremen Politisierung der Religion geführt. Sie hat die Bedeutung der individuellen Gewissensentscheidung für religiöse und letztlich auch für politische Fragen erheblich aufgewertet und doch, jedenfalls in Deutschland, das Weiterbestehen eines vorneuzeitlichen, patriarchalischen Obrigkeitsstaates ermöglicht.

Dieses komplexe Erbe muss der deutsche Protestantismus heute aufrecht und selbstbewusst annehmen, um vorwärtsgewandt seine besten Potentiale in die Gesellschaft des 21. Jahrhunderts einzubringen.

3. Das Reformationsgedenken am Beginn des 21. Jahrhunderts muss die europäische Dimension der Reformation mit einbeziehen.

Reformationsjubiläen werden seit dem siebzehnten Jahrhundert begangen. Betrachtet man, was jeweils im Vordergrund des Erinnerns stand, erweisen sie sich als Spiegel der deutschen Geschichte. Ging es anfänglich um das Überleben des reformatorischen Erbes, das durch die Gegenreformation und die Religionskriege akut bedroht war, nahmen im 19. Jahrhundert andere Fragen eine Zentralstellung ein. Insbesondere ging es nun um die so genannte nationale Frage. Luther wurde als Vorkämpfer der deutschen Einigung gesehen, als Prototyp für die nationale Identität. Diese Sichtweise spitzte sich im Reformationsjahr 1917, das mitten in den ersten Weltkrieg fiel, noch einmal zu.

Ich will hier nicht über die Berechtigung dieser Sichtweisen richten. Vielmehr zeigt ein solcher Rückblick, dass historisches Erinnern niemals neutral ist, sondern sich immer in bestimmten Kontexten ereignet.

Wichtig ist daher aus meiner Sicht die Frage, was den Rahmen für ein Reformationsgedenken am Beginn des 21. Jahrhunderts bilden sollte. Vielleicht gibt es darauf mehr als eine Antwort. Ich möchte jedoch vorschlagen, dass zumindest aus politischer Sicht der Blick über den Horizont der Nation und auf unsere europäische Einbindung geworfen wird.

Die deutsche Politik ist heute undenkbar ohne ihre Einbettung in globale Zusammenhänge; die Globalisierung bestimmt unser Leben bis ins Einzelne. Aber die europäische Einigung spielt doch nach wie vor eine besondere Rolle, und die Schwierigkeiten, die sich in Europa seit der großen Finanzkrise des Jahres 2008 ergeben haben, zeigen das ganz besonders deutlich.

So wie es also nahelag, im nationalstaatlichen 19. Jahrhundert, die Reformation als Ursprung der deutschen Nation zu feiern und Luther zum nationalen Helden zu erklären, so sollten wir uns heute an den europäischen Rahmen der Reformation erinnern, der gerade dann in den Blick gerät, wenn wir über ihre politische Seite nachdenken. Denn die Reformation war nicht nur in Deutschland eine politische Angelegenheit, sondern auch in den Schweizer Kantonen; in England nicht weniger als in Frankreich. Zwingli war selbst Heerführer und starb in der Schlacht bei Kappel. Ein hugenottischer Prinz wird zum katholischen König Heinrich IV. von Frankreich und verabschiedet als solcher 1598 das erste Toleranzedikt, das Protestanten wie Katholiken die Religionsfreiheit sichert – eben dieses Edikt von Nantes wird dann aber weniger als 100 Jahre später von Ludwig XIV. wieder zurückgenommen, und in der Folge kommt es zu Massenauswanderungen der Hugenotten, nicht zuletzt ins Preußen des großen Kurfürsten.

Diese europäische Dimension kommt noch stärker zum Tragen, wenn wir die Vorgeschichte der Reformation einbeziehen. Neben dem Italiener Petrus Waldus und dem Engländer John Wyclif ist dabei vor allem an den Tschechen Jan Hus zu denken, der 1415 – vor ziemlich genau 600 Jahren – auf dem Konzil von Konstanz verbrannt wurde. Viele der Ideen der Reformation waren von ihm vorweggenommen worden, und die Parallelen zu Luther wurden schon zu Luthers Lebzeiten gern gezogen.

Diese wenigen Beispiele zeigen bereits, dass die Reformation in Europa zu Konflikten führte. Ja, man hat sie oft als Ursache einer Spaltung Europas gesehen. Eine der wichtigsten Reformationsgeschichten der letzten Jahrzehnte hat den Untertitel „Europe's House Divided"[6]. Umgekehrt wurde die Vision der europäischen Einigung oft von romantischen Sehnsüchten nach der vorreformatorischen mittelalterlichen Welt gespeist, in der Europa „ein christliches Land" war, wie der Dichter Novalis es ausgedrückt hat.[7]

Man kann dieselbe Einsicht aber auch anders ausdrücken. Die Reformation hat Europa gelehrt, mit religiöser Pluralität umzugehen. Das war ein schwieriger Lernprozess, der mit viel Blut bezahlt worden ist. Aber er hat letztlich zur Anerkennung dessen geführt, dass die Politik mit einer Mehrzahl von Religionen oder Konfessionen leben muss, dass sie auf die religiösen Überzeugungen ihrer Bürger keinen Einfluss nehmen kann und darf. Letztlich verdanken wir dieser erzwungenen Pluralität also das Konzept der Religionsfreiheit, das für unser heutiges Demokratieverständnis so fundamental ist.

Und erst auf der Grundlage einer solchen Akzeptanz von Pluralität kann man, so wissen wir heute, dann auch wieder nach Einigendem und Verbindendem suchen. Das ist keine einfache Aufgabe, und sie ist auch niemals abgeschlossen. Auf der Ebene des Nationalstaates erleben wir das in der schwierigen Suche nach demokratischen Kompromissen. Auf der europäischen Ebene ist es der lange und komplizierte Weg zur europäischen Einigung. Weder dem einen noch dem anderen ist mit einer romantischen Einheitsvision gedient. Vielmehr lehrt uns die Erinnerung an die Reformation, dass erst die Anerkennung von gleichberechtigter Pluralität und das daraus sich ergebende Aushandeln von Kompromissen zu gerechten und demokratischen Lösungen führt, in Deutschland und Europa.

An diesem Prozess von Meinungsbildung und Entscheidungsfindung in Deutschland und Europa kann und soll der Protestantismus sich beteiligen. Es wäre wichtig, dass das Reformationsgedenken zur Einsicht führt, dass die Pluralität der Bürgergesellschaft letztlich ein Erbe der Reformation ist. Aber das ist nicht alles. Eine Erinnerung an die Reformation als europäisches Ereignis sollte auch zur Einsicht führen, dass die nationalstaatliche Fixierung der Protestanten ein Produkt späterer Jahrhunderte war, die im 21. Jahrhundert zu Gunsten einer europäischen Orientierung überwunden werden sollte.

4. Das Reformationsgedenken hilft zum besseren Verständnis des Verhältnisses von Religion und Politik

Bislang habe ich von dem gesprochen, was die Erinnerung an die Reformation für das politische Engagement von evangelischen Christen heute bedeuten kann. Das Reformationsgedenken hat aber auch eine Bedeutung für den Politiker. Die Reformation war ein fundamental religiöses Ereignis mit eminent politischen Folgen. Der Politiker kann daher an der Reformation lernen, Religion als Faktor ernst zu nehmen. Vielleicht haben ja manche der Politiker im Reformationszeitalter selbst geglaubt, sie könnten die Sache der Reformation einfach in ihrem eigenen Machtinteresse instrumentalisieren. Ganz zweifellos ist das eine Versuchung, der Politiker sich bis heute immer wieder hingeben, nur um dann immer wieder zu der Erkenntnis zu kommen, dass man die Religion wirklich ernst nehmen muss. Man muss versuchen, sie zu verstehen, auch wenn man selbst keiner Glaubensgemeinschaft angehört, und erst recht, wenn man sich zu einem Glauben selbst zugehörig fühlt.

Noch vor einigen Jahren meinten viele, die Religion hätte im 21. Jahrhundert nur eine marginale Zukunft für Einzelne und würde ohne große gesellschaftliche Relevanz sein. Das sagen heute nur noch wenige. Umso mehr ist uns die Zwiespältigkeit dieser Entwicklung bewusst. Religion kann Menschen im Guten motivieren, sie kann eine Quelle von politischem und bürgerschaftlichem Engagement sein, das sich den Gedanken von Freiheit, Demokratie und Toleranz verpflichtet weiß. Sie kann aber ebenso zum Ursprung genau entgegengesetzter Tendenzen und Handlungen werden, sie kann Intoleranz und Diskriminierung rechtfertigen und zum Ausbruch politischer und sogar militärischer Auseinandersetzungen zumindest beitragen. Religion kann Menschen verbinden und zusammenführen, sie kann sie aber auch trennen und zu Gegnern machen.

All das sehen wir heute vor uns, in der globalen Welt unseres Jahrhunderts, aber es ist hilfreich, sich klar zu machen, dass es im Reformationsjahrhundert letztlich nicht anders war. Die Erinnerung an diese widersprüchlichen Tendenzen in unserer eigenen protestantischen Geschichte kann uns vielleicht dabei helfen, mit Augenmaß unsere religiös pluraler gewordene Welt zu betrachten. Die große Herausforderung für Deutschland – aber nicht nur für Deutschland – besteht heute in der Integration anderer Religionen und speziell des Islams in unsere demokratische Ordnung.

Noch kann niemand sagen, wie genau deren Ergebnisse aussehen werden. Wenn aber manche sagen: Islam und Demokratie passen überhaupt nicht zusammen, dann denke ich, kann der Blick auf unsere eigene widersprüchliche Geschichte lehrreich sein. Es ist eben nicht einfach so, dass das Reformationschristentum, Demokratie und Menschenrechte seit jeher Hand in Hand gegangen sind. Dass das heute weitgehend so ist, ist Ausdruck eines langen Lernprozesses, und diesen sollten wir Menschen, die erst seit relativ kurzem bei uns leben, auch zugestehen – obgleich klar ist, dass er in diesem Fall nicht Jahrhunderte dauern darf.

„Religion und Glaube

sind dann am stärksten,

wenn sie nicht

miteinander identifiziert oder

aufeinander

reduziert werden."

Die Rolle der Religion in der Politik ist widersprüchlich, aber der Versuch, sie aus dem Bereich der Politik auszuschließen, ist auch keine Lösung. Dieser ist gescheitert, wo immer er versucht worden ist. Für unsere Demokratie, daran besteht kein Zweifel, ist die Religion eine wichtige Quelle politischen Handelns und politischen Engagements. Deshalb hat der Politiker ein Eigeninteresse an einem starken politischen Protestantismus, solange dieser sich als Akteur in der pluralen Bürgergesellschaft versteht. So wie die Politik das Religiöse in seiner Eigenart akzeptieren muss, muss der politisch aktive Christ, aber auch die Kirche als ganze, die Eigenart des Politischen respektieren.

Letztlich weiß sich der evangelische Politiker in der modernen Demokratie Luthers Grundsatz der Trennung der beiden Regimente verpflichtet. Zwar ist auch sie im Laufe der Geschichte ganz unterschiedlich verstanden worden, aber dennoch liegt ihr ein wichtiger und vorwärts weisender Gedanke zu Grunde: Religion und Glaube sind dann am stärksten, wenn sie nicht miteinander identifiziert oder aufeinander reduziert werden. Sie sind allerdings aufeinander bezogen: Gerade das kann man in der Reformation exemplarisch sehen, und nicht zuletzt darum lohnt sich die Erinnerung an die Ereignisse jener Zeit.

Anmerkungen

1 Martin Luther, Von weltlicher Obrigkeit, wie weit man ihr Gehorsam schuldig sei (1523), in: WA 11, 245–280.

2 Vgl. Martin Luther, An den christlichen Adel deutscher Nation von des christlichen Standes Besserung (1520), in: WA 6, 404–469, und vgl. ders., Von Kaufhandlung und Wucher (1524), in: WA 15, 293–322.

3 Vgl. Euan Cameron, The European Reformation, Oxford u. a. [3]2012, 436–441.

4 Martin Luther, Wider die räuberischen und mörderischen Rotten der Bauern (1525), in: WA 18, 357–361.

[5] Vgl. Max Weber, Die protestantische Ethik und der Geist des Kapitalismus, in: Gesammelte Aufsätze zur Religionssoziologie. Band 1, Tübingen [8]1986, 30–63.

[6] Diarmaid MacCulloch, Reformation. Europe's House Divided. 1490–1700, New York 2004.

[7] Novalis, Die Christenheit oder Europa. Ein Fragment, in: Ludwig Tieck / Friedrich Schlegel (Hg.), Novalis. Schriften Bd. 1., Berlin 1826, 187–208.

MIX
Papier aus verantwortungsvollen Quellen
FSC® C014496
FSC
www.fsc.org

www.claudius.de

Umschlaggestaltung: Weiss Werkstatt, München
Layout und Satz: Mario Moths, Marl
Gesetzt aus der Segoe UI
Autorenfoto: © Ilja C. Hendel / BMF
Druck: GGP Media GmbH, Pößneck
Erstveröffentlichung in *Pastoraltheologie* (105. Jahrgang)
Mit freundlicher Genehmigung der
Vandenhoeck & Rupprecht GmbH & Co. KG, Göttingen

ISBN 978-3-532-62499-9